凛とした日本人の生き方

Kagiyama Hidesaburo

鍵山秀三郎

公益財団法人モラロジー研究所

まえがき

「この秋は雨か嵐か知らねども　今日のつとめに田の草を取る」

八月の炎天下に、広い田んぼの中を這《は》うようにしてただ黙々と草を取っていく作業は、やったことがある人にしか分からない、苦しいものです。照りつける真夏の太陽に、お風呂のように沸いた田んぼの水、そして稲の熱《いき》れ。そんな苦しみに耐え、丹誠を込めて育てた作物が、収穫寸前の悪天候によってだめになってしまうこともあります。私が少年時代、疎開先で経験したのは、まさにこの道歌そのままの生活でした。

どれほど働いたらどれだけの収穫が得られるかを問わず、目の前のことに骨身を惜しまず取り組む。かつての日本人は、誰もがこうした経験をしながら、自分の意に沿わない環境にも耐えて成長していく強さを培《つちか》っていたのでしょう。忍耐心とは、日本人の美徳の中でも特に際立つものであったと思います。

しかし、今の世の中はどうでしょうか。

何事も効率優先となり、いかに短時間でコストをかけずに利益を上げるかということばかりが追求され、人間らしい「思いやり」などはどんどん隅に追いやられているようです。「小さな努力」で「大きな成果」を得ることが当たり前になってしまったがために、確実な成果が約束されないことには取り組めないという、弱い人間ばかりになってしまいました。戦後の日本は、膨大なお金を社会につぎ込んできたにもかかわらず、日本が今、よい方向に向かっていると実感する人は、ほとんどいないでしょう。

私は汚れきった世界で自分の人生を送りたくはありません。生きるからには、正々堂々とした中で生きたいと思っています。そのために「日本の悪《あ》しき世相を変えてみせる」という志を持って、自分に関わりの持てる範囲から、小さな実践を積み重ねてきたのです。

その一つが掃除の取り組みです。

「こんなことをやって何になるんだ」と人様から嘲笑《ちょうしょう》され、反発されたものでした。しかし今では多くの仲間が現れ、全国各地、そして海外にまで活動の輪が広がっています。

つい先日も、そうした有志の方々の呼びかけで、都心から羽田空港へと向かう国道三五七号線周辺の草刈りと掃除を行いました。

四年後の東京五輪で来日する人たちも大勢通る大幹線道路です。しかし、家庭ゴミから粗大ゴミまでさまざまなゴミが散乱し、道端の植え込みも、本来の植栽が何であるのかさえ分からないほどに雑草が生い茂っている有様です。沿線には有名企業が拠点を構えていますが、目の前の草やゴミすら放置したままです。この惨状を、自分たちの手で何とかしようという人たちが立ち上がったのです。

街がきれいになると、そこに集う人たちのマナーもよくなるものです。美しい心の人々が暮らす美しい街づくり、これこそが「おもてなし」の第一歩ではないでしょうか。外国から訪れる方々は、美しい街に住む日本人を信頼してくれるはずです。反対に、ゴミが散っていて草が生い茂る街に住む日本人は、信頼されないと思います。

私は今、凜《りん》として生きた先人たちの姿を思い起こし、日本の国を再び世界中から称賛されるような国にしたいと願っています。今のような日本の国であれば、後世の人たちに申し訳が立ちません。

崩れかけた日本人の美徳回復のために、そして美しい日本を取り戻すために、私たちは今、いかに生きるべきか。心ある人たち、一人ひとりの行動によって、今の世の中が浄化されていくことを願ってやみません。

平成二十八年十月

鍵山秀三郎

凜とした日本人の生き方　目次

第二章 企業の中の徳づくり

第三章　後世に受け継ぐ国づくり

装丁——川上成夫

第一章　凡事徹底の心づくり

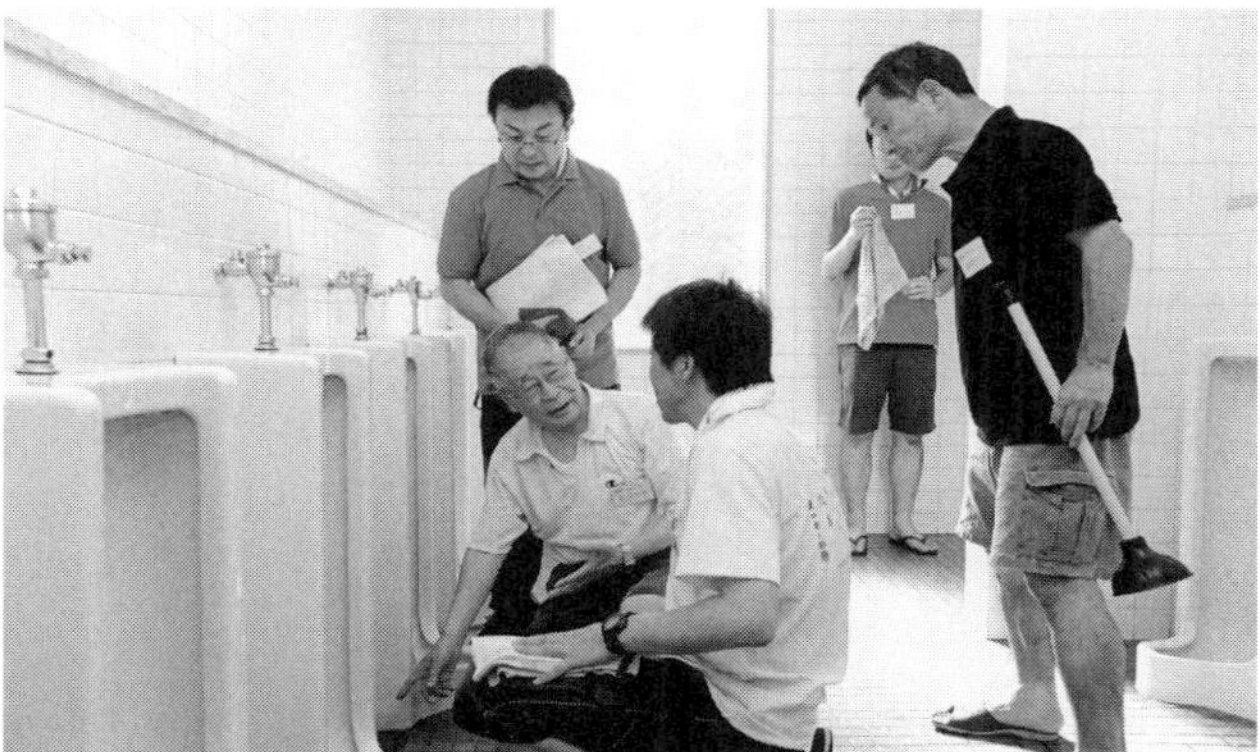

教育の原点

コップを上に向けるには

「人を教育する秘訣《ひけつ》は何ですか」と尋ねられることがよくあります。

そもそも私は人を言葉で説得したり、文章で伝えたりするのが不得意で、人を教育できるような特別な能力は持ち合わせていません。人が人を育てるというのは、おこがましいとさえ思っています。人を育てることはできませんが、人が自《みずか》ら育とうとするきっかけをつくることには、長年心を砕いてきました。

国民教育の師父として著名な森信三先生は、次のような意味の言葉を遺《のこ》しておられます。

「どんな素晴らしい教えでも、相手が心を開かなければ伝わらない。それは、伏せたコップの上から水を注いでいるのと同じである。まずコップを上に向けさせることが大切だ」

聞く耳を持たない生徒に、どんなにいい話を聞かせても、理解してもらえないばかりか反発を買うだけでしょう。近ごろは、カリキュラムに基づいて教科書の内容を教えることが「教育」だと思い込んでいる教師が多いようです。何よりも相手の心を開かせ、「もっと聞きたい」「学びたい」という気持ちを起こさせるところに、教育の原点はあるのではないでしょうか。

大切なのは「教化」ではなく「感化」です。

感化力は犠牲の質と量に比例する

感化ということを考えた時に、真っ先に思い出されるのは両親の姿です。

五人兄弟の末っ子に生まれた私は、何不自由のない暮らしの中で、毎日遊びたいだけ遊び、宿題は兄たちがやってくれたものを、名前だけ書いて学校に持っていくような子供でした。

そんな生活も昭和二十年三月、東京大空襲によって家財すべてを焼かれ、岐阜県の山奥に疎開を余儀なくされたことで一変します。

そこで待っていたのは、体験したことのない過酷な農作業でした。慣れない仕事の上、疎開者に与えられるような農地は、もともと収穫に不向きな田畑です。それであっても両親は不満を抱かず、愚痴をもらさず、目の前のことに骨身を惜しまず取り組んでおりました。地元の農家も二の足を踏むような八月の炎天下にも、骨が曲がるほど働く両親の姿を見て、「少しでもこの労働から両親を救いたい」という切々たる思いが、心の奥底からわき出てきたのです。

その瞬間から、ガラスのように弱かった私の心は、鋼《はがね》の心に変わりました。どんなに劣悪な環境の過酷な労働であっても、まったく苦にはならなくなりました。むしろどうすればよりうまく、効率的にできるのかという思いが、子供心に次々と浮かんでくるのです。

「人を感化する力は、自分が払った犠牲の量と質に比例する」

ドイツの哲学者、ディルタイの至言です。両親の無言の教えが、私の心に火をつけたのでした。

掃除の時間に教師が職員室でタバコを吸って雑談をしているような学校で、掃除を真剣にやる生徒が育つはずがありません。生徒に同情されるくらい懸命に掃除に取り組む教師の後ろ姿が、子供たちの心を開かせるのです。経営も同じです。「社員が育たない」と嘆いている経営者は、社員から気の毒がられるくらい一心不乱な経営姿勢を自分は持ち得ているのか、省みることから始めるべきでしょう。

私は一年三百六十五日、休みなく先頭に立って仕事をしてきました。それだけではなく、いかにして社員の心を穏やかにし、正常な社会人になってもらえるかに努力を注ぎました。いろいろなことに取り組みましたが、中でも創業以来、徹底してきたのが掃除です。掃除の意義を理解してもらうために率先垂範をし続けました。しかし、最初は熱心でも、少し会社の規模が大きくなると、率先垂範がおろそかになりがちの人が多いのです。私の心の支えとなったのは、両親の後ろ姿でした。

名教育者の芦田恵之助《あしだえのすけ》先生の言葉に「自己を教育するは、他を教育する最捷《さいしょう》径《けい》である」とあります。自分を育てることなくして人を育てることはできないと気づくことから、本当の教育は始まります。

凡事徹底こそ

頭のよい人、悪い人

「皆さんはぜひ、頭のよい人になってください」

小・中学校で講演をする時、私は子供たちにこう伝えます。「頭のよい人」とは、記憶力がよいとか頭脳の優れた人という意味ではありません。いつもよいことを考える人のことです。いくら勉強がよくできて、知識や能力が豊富にあったとしても、悪いことを考える人は「頭の悪い人」です。

今の学校教育は頭脳の教育に偏り、心の教育が足りないと感じることがよくあります。心の成長がないまま頭脳が発達した人間は、生き方が自分中心になりがちです。努力して蓄えた知識を、他人や社会のためではなく、自分の都合や満足のためにだけ使おうとするのです。それはあたかも粗暴な人に凶器を与えるようなものです。

「頭の悪い人」ばかりが集まった会社や組織は、社風が悪く、大きな困難に耐えることができません。「頭」と「心」と「体」が調和した、バランスのよい人づくりを日ごろから心がけることが大切です。

まず「頭を使う」時には、一緒に「心を使う」ことです。頭だけで考えたことは浅はかで、自分中心の判断となるため、結局うまくいきません。

「体を使う」時には、一緒に「頭を使う」ことが大切です。普段の仕事でも、何も工夫をせず、毎日同じように手足を動かす人は進歩がありません。道路を掃くのでも、考えながらやる人は道具を傷めず使い方が上手で、効率もよいものです。

「心を使う」時には、一緒に「体を使う」ことを意識するとよいでしょう。心を磨くといっても、体から心だけを取り出して磨くことはできません。掃除など、人を喜ばせることに手を使う中でこそ、心は磨かれていくものです。

この三つが自然と連動することで、人間本来の機能が引き出され、その人の持ち味が最大限に発揮できるようになります。

平凡は徹底することで光を放つ

平成二十五年、初出場ながら夏の甲子園を制した前橋育英高校の荒井直樹監督と、月刊『致知』誌上で対談しました。

野球部を率いて十三年、最初は部室がゴミだらけの荒れた状態で、試合にも勝てなかったそうです。荒井監督は勝ち負けにこだわるよりも、生徒の人間的成長を一番に考え、部室の掃除やグラウンド整備という凡事の徹底から取り組み始めます。

世の多くの監督は、任期中にどれだけよい実績を残し、自分の評価を高められるかを第一に考えるものです。荒井監督はそうではありません。試合に勝てず、周囲から「掃除なんかやめて、もっと技術を高める指導をしろ」という批判が来ても、信念を曲げませんでした。甲子園の熱戦の中でも、毎朝、泊まったホテル周辺のゴミ拾いを部員全員で続けるほどの徹底ぶりです。

迎えた決勝戦、相手に三点を先取され、前橋育英高校は劣勢に立たされましたが、動揺することもあきらめることもなく自分たちの野球を貫き、見事栄冠を勝ち取りました。

荒井監督は、何か特別な練習方法を取り入れて選手を強くしたわけではありません。やったのはごく平凡なことばかりです。平凡なことを平凡にやるのではなく、心を使い、頭で考えながら工夫を重ね、それが非凡となるくらいやり続けました。そうした人間として確かなベースを備えた選手だからこそ、決勝戦のピンチでも崩れず、積み重ねた努力を信じて戦い抜くことができたのでしょう。選手の人格が技術を上回ったのです。

頭と心と体が調和した人間を育てるには、掃除が一番です。おざなりな掃除では意味がありません。誰もが「そこまでやるか」と思うくらい、徹底してやることです。ほうきの持ち方、使い方、ちりとりの動かし方一つに心を込め、頭を働かせて工夫を重ねる中に感性が磨かれ、その人本来の持ち味が引き出されてきます。心で感じたことは、頭で考えたことより力を発揮するのです。

平凡なことをおろそかにする会社に、大きな成果は残せません。よいことに手を使う、平凡な努力の積み重ねが、会社を永続させる底力となるのです。

肚をつくる

見えないものに思いを向ける

今の日本では、目に見える数値や目先の利益ばかりがもてはやされ、本当に大切なものが見過ごされているのではないかと思うことがあります。

最近の駅や空港では、一歩でも近道をしようと思うのか、人を押し分け、平気でぶつかっていく人が多くなりました。自分の体や荷物が人に触れないようにする、たったの二、三歩を惜しむことが、果たして得になるのでしょうか。目に見えないマイナスに気づかない人が増えているのは、恐ろしいことです。

青森県弘前《ひろさき》で、完全無農薬・無肥料の「奇跡のリンゴ」の栽培に成功された、木村秋則《あきのり》さんという方がいらっしゃいます。

木村さんのリンゴ畑を訪ねた時、「どうぞ木から取って、洗わずにそのまま食べてください」と勧められ、口にしたリンゴの味は忘れられません。畑の土を手に取ってみると、本当に山の中と同じ匂《にお》いがしました。長い月日をかけながら落ち葉が積み上がってできる、腐葉土のような匂いです。木村さんは目に見える木の上の枝や葉よりも、木の下にあって見えない土をよくして根を育てることに着目し、成功されたのです。

目標が強い心をつくる

木村さんに学ぶことは、まず着想の素晴らしさです。絶対に不可能と言われたリンゴの無農薬栽培に、自ら踏み出されました。そして無収穫、無収入の日々を経て、結果が現れるまで十一年もあきらめずにやり続けられたのです。

世の多くの人は願望を思い描くばかりで、実践に踏み出す人は一握りです。さらに、その実践を継続できる人は稀《まれ》でしょう。

山に登りたいと思うだけでなく、実際にその山の麓《ふもと》に立ってみる。すると、そこで初めて急峻《きゅうしゅん》さを知り、さらには登るにつれて、ますます山の厳しさを知るものです。思い描いていたような結果が得られず、途中で投げ出す人も多いでしょう。高い目標をめざして前に進むほどに、その道は険しさを増します。

かつて私が会社で掃除を始めた時、その意義を認めてくれる人は誰もいませんでした。三年、五年と続けても、目に見える成果はありません。しかし、努力がすぐに報われなかったおかげで、強い心が養われました。この忍耐心が、その後五十年、ひたむきに掃除をやり続ける力となったのです。

一人虚《むな》しさと闘いながらも掃除を続けることができたのは、明確な目標があったからです。社員の荒《すさ》んだ心を、どうにかして穏やかにしたい。その目標があったから、達成するための手段・方法が自然とわいてきて、努力を続けることができました。そしてこれを継続していくと、また新たな目標が生まれます。

業界の悪しき習慣を改めたい。掃除の意義を多くの人に伝えたい。目標が大きくなれば、その分課題も大きくなりますが、知恵を絞り、工夫を積み重ねるのです。たとえ取るに足らないような小さなことであっても、なすべきことにきちんと取り組んでいくと、目標はより確かなものとなります。

政治の世界でも、同じことが言えるのではないでしょうか。目標がはっきりしていないと、目先のことにとらわれてしまいがちです。これでは税金ばかりたくさん使っても、何をやってもうまくいきません。

経済のように目に見えるものも、確かに大切です。しかし、経済さえ強ければ国はよくなるかと言えば、そんなことはありません。目に見えない国民性が低ければ、いくら経済が強くても国は衰退することを、歴史が証明しています。

人間は絶えず過去に学び、未来を考え、今を生きています。私たちの世代が、たくさんの挑戦と失敗から得た答えを、次の世代にしっかりと伝えていかなくてはなりません。いっぺんに日本中をきれいにすることはできなくとも、自分の住む町、自分が関わりの持てる範囲から少しずつ、手を取り合って変えていくことができたら、日本の未来はきっと明るくなります。

人間として当たり前のこと

なぜ靖国神社に参拝するのか

全国の志ある方々と、数年前から、東京九段にある靖国神社のトイレ掃除を始めました。参拝する方々のご迷惑にならないよう、朝六時から開始します。

私は満十一歳まで、靖国神社のすぐ裏手に住んでいました。境内が通学路だったため、行きも帰りも本殿の横で立ち止まり、帽子を取って一礼をするのが習慣になっていました。特定のイデオロギーを持っているわけではありません。亡くなられた方々に対して慰霊の気持ちを持ち続けるのは、人間として当たり前のことです。理屈ではありません。

かつての日本人は、神社や仏閣に対して自然と頭を下げる畏敬《いけい》の念を、誰もが持っていたものです。しかし戦後、富と自由を手にした代わりに、目に見えないものを大切にする美しい心を見失ってきました。特に靖国神社は「軍国主義の象徴」という誤った認識によって、国内外からの非難にさらされ、参拝を避ける人がたくさんいます。残念でなりません。

戦争を肯定する考えはありませんし、軍隊を賛美するつもりもありません。しかし、自分たちの国を自分たちの手で守るために命を捧《ささ》げた方々の御霊《みたま》に頭を下げることは、この国で暮らす者として当たり前のことであり、義務であると思います。

私は戦災により安穏《あんのん》とした暮らしを失った時、これまでの自分がいかに親兄弟から守られてきたかということに、初めて気がつきました。不自由のない平穏な状況にある時、人は自分が守られているということに鈍感になるものです。一方で、自分の権利が守られなかったり、要求が通らなかったりすることに関しては、常に敏感になっているのではないでしょうか。それが戦後の日本人の姿です。

当たり前のことを当たり前に

私は地球上で日本以外に住みたい国はありません。特に日本の近隣の国は、どんな好条件であっても住みたくはありません。むしろ私は、それらの国の民に生まれなかったことを僥倖《ぎょうこう》であったと思っているのです。

もし、この日本という国がなかったら、今の私たちの生活はどうなっていたでしょうか。

今の日本があるのは、国難のたびに自分たちの国を自分たちの手で守ろうとして、懸命に戦われた先人たちがいたからです。そうして亡くなられた二百四十万以上の英霊を祀《まつ》るのが靖国神社です。あえて参拝しないという方々を、無理矢理誘ったり、強要したりするつもりはありません。しかし、一人の人間として、自分がどれだけ守られて生きているかということを、正しく知っていただきたいと思うのです。

私の願いは、一人でも多くの国民に靖国神社へ参拝してほしいという、純粋な気持ちだけです。

靖国神社の掃除に参加する方々の中には、参拝が戦争賛美につながるのではないかと誤解している方も、少なからずいました。それでも一緒になって謙虚な気持ちで掃除をして、心が穏やかになると、きちんと国旗に向かって姿勢を正し、国歌も斉唱し、素直な気持ちで参拝するようになるのです。拒否する人などいません。

全国の学校では、今なお国の象徴である国旗・国歌に対して何ら敬意を表そうとしない教師がたくさんいます。そんな大人たちの姿を、子供たちはどう見ているのでしょうか。

自分という存在を超えた神や仏、先人の御霊に対して感謝の心を持ち、謙虚に頭を下げ、礼を尽くす。そうした人間として当たり前のことを、当たり前にできるように導いていくことが、教育の本質です。靖国神社を純粋な気持ちで誰もが参拝できる、そんな当たり前の未来をつくっていきたいものです。

逆境を成長に変える

勤を以て拙を補う

平成二十七年三月に北陸新幹線が開通し、東京・金沢間が最短二時間二十八分で結ばれました。夜行列車で一晩かかった一昔前を思うと便利になったものです。便利になるのはよいことです。では不便はすべて悪いかと言うと、そうとは言えません。

不便への対応は、人によって四つに分かれます。これは静岡県の井口君夫様から教えられました。

一つ目は、不便を不便のまま、工夫も何もせずに放っておく人。

二つ目は、不便に対する愚痴を言うだけの人。言えば誰かが何とかしてくれるのではないか、という期待もあっての愚痴です。このように、目の前の不便に何の努力もしようとしない人にとって、不便は「不満」の種です。

三つ目は、家族や部下、社員など、人に命じて不便を改善しようとする人。自分は何もせず、人にやってもらおうという考えの人です。

そして四つ目が、自分自身で不便をどう克服できるかを考え、工夫、改善していく人です。不便を不便のままにせず、自分でどうにかよくしようとする人にとって、不便は成長の種です。そういう意味で、不便は一概に悪いとは言えないと、私は思っています。

中国の白居易《はくきょい》の詩に基づく「以勤補拙（勤《つとむる》を以《もっ》て拙《せつ》を補う）」という言葉があります。直面する不便に対し、自分の力が及ばなくとも目を背けず、考えて考えて考えて、そして工夫をして、努力を継続すれば、必ず補うことができる、改善できるということです。

誰しも一生涯、すべて平穏という人はないはずです。経営者となれば、明日何が起こるかも分かりません。順境の時はともかく、不便や逆境に差し掛かった時にこそ、人間が試されます。

不満を「創造への動機」に

私が戦後、疎開先の岐阜から東京に戻り、仕事を始めたのは二十歳の時です。住み込みで働き始めた会社には、先輩が六人いました。よかれと思って部屋を掃除すると「余計なことをするな」と怒鳴《どな》られ、散々な目に遭《あ》いました。経営者一族からは理不尽な命令ばかりで、朝から晩まで追い回される毎日でした。

あの時、私が不満や憤りをマイナスの力にせず、成長の糧とできたのは、ある言葉に支えられたからです。下村湖人《しもむらこじん》先生の『青年の思索のために』という本で、私はこの言葉と出会いました。

「私は不満のない人生をおくりたいとは思わない。私ののぞむ人生は、不満が平和をみだす原因とならず、創造への動機となるような人生である」

それから八年後に独立し、自分で会社を始めました。振り返っても、思い出されるのはつらかったこと、苦しかったことばかりです。人に騙《だま》されて大金を失い、悔しくて眠れない日もありました。散々体験していくうちに、何が起きても心を乱さず、平常心でいられるようになりました。

人を憎み、恨んだところで、結局、損をするのは自分です。「過去と他人は変えられない」と言われますが、自分の生き方次第で過去さえも変えることはできます。起きた事実は不変でも、自分の受け止め方を変えることで、その過去が持つ意味は変わるのです。

私は今、過去のすべての災難や苦労を笑って話すことができます。とても幸せなことだと思います。

不便や逆境を嘆き、その過去にいつまでもとらわれているようでは、人間的成長はできません。イギリスの政治家、ベンジャミン・ディズレーリが「いかなる教育も逆境から学んだものには敵《かな》わない」と言っています。逆境に勝る教育はないのです。

攀念痴を持たない

とらわれは春の雪のように

私がこの歳になっても元気でいられるのは、高校時代の恩師の教えがあったからです。

「攀念痴《はんねんち》を持たない」

険しい岩壁にしがみついて登ることを「登攀《とうはん》」と言いますが、「攀念」とは、人への恨みにとらわれ、憎み続ける想念のこと。「痴」とは、そういうことをするのは愚かだということです。

若い時は人に騙され、裏切られたりしますと、癪《しゃく》に障《さわ》って相手を許せず、夜も眠れないことがよくありました。体は疲れきっているのに、頭は冴《さ》え続けて、寝させてくれないのです。朝方起きなければいけないころになってようやく眠くなるという、愚かなことを繰り返していました。

人を恨むと、膨大なエネルギーを消耗して理性的な判断ができなくなり、ついには精神まで蝕《むしば》まれます。騙され、裏切られた上に心も荒んで、こんなに割に合わないことはありません。結局のところ、「攀念」を抱いた自分が損をし、不幸になるのです。

そう理屈では分かっていても、人はなかなか、そのとらわれから抜け出せないものです。私がそのことに気づいたのは、散々体験してからのことでした。

そこで私は工夫をしました。「攀念」を思い起こしそうになったら、「あっ、またつまらないことをやっているな」「そんなことをしてどうするんだ」と、自分に言い聞かせるのです。人間ですから、一度や二度言い聞かせたところで、念はわいてきます。それでも声に出し、繰り返し言い聞かせているうちに、心のとらわれを春の雪のように消すことができるようになりました。

もし私が、過去に人から騙されたことをすべて根に持ち、恨み続けていたとしたら、心身共に消耗し、今ごろ命はなかったでしょう。

因果は一如

「攀念痴」を持たないようにできれば、その分のエネルギーを、人格を高めたり、社会をよりよくしたりと、建設的に使えるようになります。

一方、「今に見ていろ」「必ず見返してやる！」というような思いで、自分が努力の過程で受けた仕打ちや憎しみをそのまま他人に返してしまう人が、実に多いものです。当然、仕打ちを受けた人の心は荒み、その人はまた別の人に仕返しをするでしょう。心の荒みは自分から周囲へ、周囲から社会へと連鎖して広がり、エネルギーは失われていくばかりです。

自分が味わったつらさ、悔しさを、周りの人まで巻き添えにせず、自分自身で消化できる人間になりたいものです。

吉野弘さんの詩に「心に耳を押し当てよ　聞くに堪《た》えないことばかり」という

一節があります。自分の心が何を言っているのか、自分でよく聞いてみろ。聞くに堪えないようなことをいつまでも心に持ち続けていると、卑しさ、醜さにつながります。心に耳を澄ませて、心地よいことを抱き続けていく、そうした努力は欠かせません。

マイナスの種を蒔《ま》けば、マイナスの結果になって表れてくるのは当然のことです。「因果一如《いんがいちにょ》」という言葉があります。因とは原因であり、果とは結果です。原因と結果は一つであり、原因をつくった時に結果も同時に生まれているということです。しかし物事によっては、原因をつくってから結果が出るまで、一か月、一年、あるいは十年もかかることがあります。それでも必ず、自分のつくった原因どおりの結果が表れてくることは間違いありません。

社員がよくならない、会社がよくならないと愚痴を言い、誰かを恨むより、自らよい原因をつくる努力こそが、よい結果を招くのです。

微差大差

七万五千枚の積み重ね

もともと私は、人と接触するのが得意ではなく、笑顔で接したり、人前で話をしたりすることも苦手でした。話をしなくていいのなら、一日中でも黙っているほうが楽なくらいです。でも、これを自分の性格として押し通すのは我儘《わがまま》ですから、少しずつ克服する努力をしてきました。

世の中には「自分はこういう性格だから直せない」と開き直っている人がたくさんいます。自分の我が儘を押しつけ、周囲に不快な思いをさせておいて、いい人生を築けるはずがありません。

いい人生を築くには、人を喜ばす努力を積み重ね、習慣とすることが大切です。人を喜ばせる基本は、自分の時間と体を使うことです。中でも私は手紙を書くことと掃除をすることを、徹底し続けてきました。

手紙を書くには労力がいります。よほど相手のことを思い、頭の中をいっぱいにしなければ書けませんし、喜んでももらえません。私は平成四年に複写ハガキの練達者である坂田道信先生のご指導を得て以来、複写ハガキを書き続けてきました。

これまでに書いたハガキは七万五千枚近くになります。使ったボールペンの芯《しん》は、もう片手ではつかみきれない量となりました。

一日一枚、ハガキを書くか書かないかの差はわずかに見えて、五年、十年と積もれば実に大きな差となります。徹底してやり続けたことで、私は何物にも代えがたい、よい縁を得ることができました。

ともすると、私たちは何か難しくて特別なことをしなければ成果が上がらないように思い込み、日常の小さな実践を軽く見てしまいがちです。しかし、小さな実践を積み重ねることでしか「よい習慣」は身につきません。習慣が変わらなければ、性格も行動も変えることはできません。「微差」の積み重ねが「大差」となるのです。

ネクストワン

経営がうまくいっていない会社は、決まって挨拶《あいさつ》や掃除といった日常の小さな実践がおろそかです。それでいて立派な理念を唱えたり、大きな計画ばかり考えたりするので、何をやっても失敗し、元に戻ってしまうことが多いものです。

鎌倉の円覚寺《えんがくじ》の初代管長を務められた今北洪川《いまきたこうぜん》老師の『禅海一瀾《ぜんかいいちらん》』という本に「百萬《ひゃくまん》の典経《てんけい》　日下《にっか》の燈《とう》」という言葉があります。百万本の経典を読むほど知識を詰め込んでも、それを実践しなければ、さんさんと照らす太陽の下のロウソクの灯のようなもので、まったく役に立たないということです。

私が会社を経営していた時、一番大切にしていたのは、売上げや利益を伸ばすことより、社員の人間的成長を図ることでした。人間は簡単には成長しません。

相当な期間と忍耐力をもって、コツコツと実践を積み重ねることにより、習慣が変わり、人間の質が変わります。今日よりも明日、明日よりも明後日と社員が成長できるよう、経営者は全力で努力しなければなりません。

歴史に名を残す偉人に共通するのは、最後まで成長をめざし続ける姿勢です。私が敬愛する喜劇役者のチャーリー・チャップリンは、まさにそうでした。家庭環境に恵まれなかったチャップリンは、にこりともしない母親をどうにか笑わせようと毎日工夫を重ね、少し笑えば、もっと笑わそうと懸命に努力をしました。それだけに、数多くの作品を残しながら、一つとして同じ手法を使っていません。

ある時、記者から「今までの中で最高の作品は何ですか」と問われたチャップリンは、即座にこう答えました。「ネクストワン（それは、次の作品だ）」と。

私自身、いくつになっても紙一枚分でも成長できるよう、努力を重ねていきたいと思います。

積善の人

意識と行動が運命をつくる

この半世紀の間に、日本は歴史上始まって以来の豊かさを手に入れました。経済的な富だけではなく、自由も一緒に手にしました。富と自由、これさえ手にすれば幸せになると誰もが信じ、そうなったにもかかわらず、今はなぜ「幸せ」を実感できている人が少ないのでしょうか。

イギリスの思想家であるジョン・スチュアート・ミルは「人々が自由を求めれば求めるほど、不自由になる」と言っています。予期せぬ富を手にし、限りない自由を求めるあまり、自制心を失い、秩序をなくしているのが、現在の日本の姿です。

物やお金など、目に見えるものを追いかけ、手にした代わりに、目に見えない多くのものを失いました。衣食の豊かさに見合う「心」を育てることを忘れた結果が、今の嘆かわしい世相です。

中国の明の時代に生きた袁了凡《えんりょうぼん》という人物がいます。貧しい暮らしの中、役人になるための科挙《かきょ》という難関試験を志していた了凡は、ある有名な易者に占ってもらいました。それがあまりに的中することに驚き、一生涯を占ってもらい、その結果を詳しく記録しておきました。それらが次々と占いどおりになるため、「人生はすでに天命によって定められている」と悟ります。

その後、高僧の雲谷禅師《うんこくぜんじ》に出会った了凡は、善行を積むことによって人生は変えることができると諭されました。それから教えられたとおり、行う善悪のすべてを記録し、よいことを二つ行えばその数を記し、悪いことを一つ行えば一つ引くようにして、三千の数を目標に善行に励むようになりました。その結果、易者から合格しないと言われた科挙の試験に合格し、子供はできないと言われたのが男の子を授かり、五十三歳で死ぬと言われたのが七十四歳まで長生きしたのです。

積善の家に余慶あり

袁了凡が行ったのは、現代で言えば「約束を守る」「挨拶を忘れない」「人の善行を褒める」「公共の場を掃除する」など、どれも小さな行いです。そうした小さな善行を人知れず積み上げ、心を育てることで、幸福な人生という大きな結果を手にしました。

日本人は戦後、富と自由という大きな結果を手にしました。しかし、それは相応《ふさわ》しい努力や忍耐を積み重ねて得たものではなかったため、欲望を助長させ、心を蝕むことになったのです。

善事も悪事も小さなことが積もり積もって大きな結果になるということを、昔の人はよくわきまえていました。今の時代は、重大なことや利益の大きなことは一所懸命にやるけれども、小さなことや取るに足らないことには意義も価値も感じず、無造作にやるという人が実に多くなりました。

例えば、草を取るにも「たかが」と思っていい加減にやったら、それは何の意義も価値もない仕事になってしまいます。私は草取りをする時、根本を持った瞬間に、どれくらいの力でどう引っ張ったらうまく根が抜けるかということを、一回一回しっかりと意識をし、意義と価値を感じながらやっています。それは大きな草であっても小さな草であっても変わりません。小さな草も放置すればいずれ大きくなるのですから、同じことなのです。私の目から見ますと、うまくいかない企業ほど、大きな問題ばかりに目を向けて、足元の小さなことをおろそかにしています。

袁了凡は、自身が得た教訓をわが子に伝えるため書物を残しました。近年、『こどもたちへ　積善と陰徳のすすめ――和語陰隲録意訳《わごいんしつろく》』（梓書院）として出版され、読むことができるようになっています。

この日本を少しでもよい国にして次の世代に渡さなければ、後世の人に申し訳が立ちません。遠き慮り《おもんぱか》をもって些細《ささい》な善行を積み上げていく、そのことに、多くの人たちが意義と価値を感じ、実践に努めていただくことを願っています。

●父を憶う● わが身に引き受ける

私という人間の素地をつくったのは、両親の無言の教えです。

父も母も岐阜に生まれ、貧しい境遇で育ちました。満足に小学校も出ていませんが、豊かな社会性を備えており、人間味あふれる人でした。

東京へ働きに出た父は、酒屋などに勤めた後、独立して八百屋を始めました。誠実な人柄で、特に質のよい野菜だけを扱っていたこともあり、大邸宅のお客様にかわいがられ、数年で自分の店を持つまでになりました。

私が生まれたころはかなり裕福な暮らし向きで、やがて父は店を弟に譲り、よそに持っていた不動産の家賃収入で生活するようになりました。

裕福といっても贅沢《ぜいたく》をするわけではありません。町の人を招いては、わざわざ取り寄せた栗や松茸《まつたけ》で味ご飯を炊いてご馳走《ちそう》したり、大きな鍋《なべ》で煮炊きをし、通りがかりの人にふるまったりしました。それを善行だと誇ることもなくただ黙々とやるのです。人を喜ばせることが大好きな父でした。戦争が始まると、戦時国債が隣組に割り当てられました。しかし、誰も進んで引き受けようとしません。父はいつも割り当ての半分を進んで買い込んでいました。人の嫌がることは、わが身でできるだけ引き受ける。その後ろ姿は、自然と私の中に染み渡っていきました。

これも戦時中のことです。アメリカの輸出禁止で鉄製品が不足しだすと、各家庭にある鋳物のかまどまで供出させられるようになりました。

そのころ、父は焼き物技術を応用してかまどをつくった人から販売を依頼されました。「久寿竈《くすかまど》」と名づけられた陶製のかまどは、軍事物資の鉄を使わず、これまでのかまどでは燃やせなかったものも燃料にできるという優れもの。その上、煙が出ず火事の心配もないという、画期的な発明品です。努力家だった父は、意外な商才を発揮しました。時の東条英機首相が推奨してくれたこともあり、仕入れた貨車が駅に着くと、その場で完売するほどの売れ行きでした。この事業で、父はかなりの財を得たはずです。ところが、そのすべてを昭和二十年三月の東京大空襲で失ったのです。疎開先の岐阜では、屋根に穴が開いているようなあばら家で暮らすことになりました。東京での生活が嘘《うそ》のような境遇でしたが、父も母も愚痴・泣き言のたぐいは一つも言いませんでした。そして毎日、すみずみまでその家を掃除するのです。

昭和二十八年、私は岐阜から東京に出て、勤めを始めました。三年間一日も休むなと言われ、ようやく里帰りがかなった日。東京に戻っていく私の後ろ姿を見て、父が母に言ったそうです。「秀三郎は今、すごい苦労をしているぞ」と。

人に語らず、苦労をわが身に引き受ける。そんな父の姿は、今も私の心の中で生きています。

第二章　企業の中の徳づくり

経営者の資格

心配は発展のもと

経営者に心配や不安はつきものです。むしろ心配や不安のない人は、経営者になってはいけません。

先日、古くからのお客様をお招きして、とある温泉旅館を訪ねたところ、旅館のご主人から「社員に少し話をしてほしい」と頼まれました。ご主人の話を聞いてみますと、「毎日が不安で不安でしょうがないんです」と言われるのです。その旅館はたいへん人気があり、予約が取りにくいことで知られていました。傍目《はため》から見れば、経営は順調そのものです。

ところが広大な施設を維持するコストが膨大で、果たして収入が間に合うのか、毎日心配が尽きないと言うのです。私はこうお伝えしました。

「心配で心配でしょうがないからこそ、経営者としての資格があるんです。もうこれだけ評判がよいし、心配することは何もないと思うようなら、あなたは今すぐにでも、経営者をやめたほうがいいですよ」

今日もお客様を無事にお帰しすることができるだろうか。社員に給料を払うことができるだろうか。支払いは間に合うだろうか。不安や恐怖感を失ったら、経営者は失格です。心配があるから懸命に工夫もするし、できる限りの準備をしようとするものです。現状に安心しきったら努力も工夫もしなくなり、会社は傾くでしょう。会社経営においては、心配は発展のもと、安心は崩壊のもとなのです。

逆風を追い風に変える

そういう私なども心配が洋服を着ているようなもので、年がら年中、心配ばかりしていたものです。

私がイエローハットの前身である「ローヤル」を立ち上げた時は、売ろうにも売るものがなくて、本当に困りました。自分の売りたいものがあっても、仕入れることができないのです。すでに結婚し、子供が一人おりました。理想に近づくために自分から始めたこととはいえ、不安で仕方がありませんでした。

待っていても商品は入りませんから、とにかく足を運び、ほかの人が見逃して倉庫に眠っている商品を、丁寧に掘り起こしていくしかありません。売れなくて困っている商品があると聞けば、喜んで引き受けました。その一つに、あるメーカーのハンドルカバーがあります。S・M・Lの三サイズを行商の自転車に載せ、ほうぼうで停《と》まっている車に声をかけては、商品を触ってもらいました。

「おっ、なかなか具合がいいじゃないか。一本ずつ置いていけ」。あちらで三本、こちらで三本。それを忍耐強く続けるうちに火がつき、しまいには月に三万五千本も出る大ヒット商品に育ったのです。メーカーの方は「鍵山さんのおかげです。この恩に報いるため、鍵山さん以外には売りません」と言って、どんな大会社から好条件を出されても、私一人にだけ売り続けてくださいました。競争のない商品ですから、値決めも自由にでき、たいへんな収益が上がりました。

ところが収益が上がれば上がるほど、こんなことがいつまで続くものかと、私はどんどん不安になるのです。その不安が、次への原動力となりました。

会社に力がつくと、かつて私との約束を平気で破って取引を拒否した人たちが、取引を願い出てくるようになります。私は過去に一切触れず、喜んでお受けしました。耐えて、耐えて、耐え忍ぶうちに、逆風は追い風に変わりました。自転車一台の行商が全国チェーンとなり、海外に店を出せるようにもなったのです。

心配で眠れない時は、本から学びました。下村湖人《しもむらこじん》先生の『青年の思索のために』は、何度読み重ねたか知れません。その中にこうあります。

「私は苦悩のない世界に住みたいとは思わない。私の住みたい世界は、苦悩が絶望の原因とならず、勇気への刺激となるような世界である」

苦しみは自分を鍛える試練です。感謝してわが身に引き受ける人こそ、経営者の資格があるのです。

困難を受け止める

人の嫌がることにこそ一所懸命に

私は決して楽な人生を歩んできたわけではありません。今現在も、悩んだり迷ったりしながら生きています。

二十歳で東京に出てきた時、私は知識も技術も才能も、何一つ持ち合わせていませんでした。会社に勤め始めても、できることは何もありません。そこで朝は誰よりも早く起きて、会社の掃除をするようになりました。

掃除がよいことだというのは、誰もが知っています。しかし、知ってはいても「それは自分のやることではない」という意識が強いのではないでしょうか。私は「人の嫌がることだったら、なおのこと一所懸命にやろう」と考えたのです。

ドイツの哲学者、ショーペンハウアーは、物事が成功するまでには三つの段階を経ると言っています。第一段階は、嘲笑《ちょうしょう》される。第二段階は、激しい反対と抵抗に遭《あ》う。そこを乗り越えて第三段階に至ると、それまで嘲笑や反対をしていた人たちも、いつの間にか同調するようになるということです。

私もまったくこのとおりの道をたどりました。先輩たちから「何をやっているんだ」と笑いものにされ、抵抗や非難に遭って、皆が認めてくれるようになったのは、四年目くらいになってからです。その後、独立して立ち上げた会社で掃除に取り組み始めた時や、平成五年に「日本を美しくする会」の活動を始めた時も、同じような目に遭っています。

もし私に何がしかの才能があったら、あそこまで我慢できなかったでしょう。何もなかったからこそ「ここでやるしかない」と覚悟を決めることができたのです。かえって中途半端な才能など、持っていなくてよかったと思うくらいです。

自分の成長を求めるなら、楽な道を選んではいけません。より困難で厳しい道を、自《みず》ら選ぶのです。自分の能力が足りなければ、自らを磨いていく。一人の力ではできないことであれば、大勢の力を借りる。志を持ち、時間と手間をかけて努力していけば、今は不可能なことでも必ず実現できると、私は思っています。

やった後悔、やらない後悔

個人の上にも、家庭の上にも、会社の上にも、そして国家の上にも、多くの問題が起こるものです。問題の起こらない人生などありません。

そうした時、「あんな問題があったせいで、自分はこうなってしまった」と考える人が多いのですが、起きた問題によって人生や仕事がだめになるということはありません。最も重要なことは、その問題にどう対処するかです。対応の仕方によって、結果はよくも悪くもなるのです。

問題を他人のせいにすると、不安が増します。すると、ますます他人のせいにしたくなるという悪循環に陥ってしまいます。「あの問題があったからこそ、自分はこうなれたのだ」。こんな気持ちでありたいものです。

私自身の人生を考えても、これまでには多くの失敗がありました。人に騙《だま》されたりして、窮地に陥ったこともあります。「あんなことがあって、よく会社がもったものだ」と言われるような事態も、何度も経験しました。

しかし、私はどんなことでもわが身に引き受けるという態度で事に当たってきました。そして今、振り返ってみると「あの時、苦しまぎれにつまらないことをしないでよかった」と、心から思うのです。今はすべてのことを「やっておいてよかった」と思います。困難な問題に背を向けて、うまく立ち回っていたら、とても今のような人生にはならなかったでしょう。

やったことによって、失敗のもとになったこともあります。けれども、自分の意思でやったことが失敗しても、その時は後悔しますが、すぐに消えます。一方で、やらずに残した後悔というのは、何十年たっても残るものです。

勇気を持って真剣に取り組んだことが失敗につながったとしても、そこから学び、すべてが次へのエネルギーになるような人生を歩みたいものです。

覚悟を決める

自分の問題として捉える

都心の繁華街をきれいにする月一回の街頭清掃を始めてから、十四年目を迎えました。

毎月第三木曜日の早朝に集まり、新宿・歌舞伎町、新宿駅東口の二か所を月替わりで掃除します。一時間も行えば、トラックの荷台が満杯になるほどのゴミが集まります。掃除をしているすぐ横を、薬物中毒なのか、ヨロヨロと歩く若者たちの姿を目にすると、日本を静かに蝕《むしば》む問題の根深さを思わずにいられません。

そうした状況を、地元の商店街の方々は当然目にしています。けれども、それを「問題」として捉《とら》えていないのでしょう。街は汚れる一方です。

汚物にはウジがわくように、悪いことは常に汚いところからはびこるものです。

さらに、悪いことは放っておくとどんどん膨らみ、たちまち大きくなります。誰しも自分個人の利益にかかわる問題であれば、どうにかして解決しようと努力するものです。けれども、ひとたび自分の利益に関係がないとなると、対岸の火事を眺める傍観者になる。ここに日本の社会を荒《すさ》ませている一番の問題があります。

誰の責任でもない問題、誰の仕事でもない仕事を、自分の仕事として捉えていく。そんな心持ちの社員ばかりの会社であったなら、問題が起きても崩れることなく、かえって成長・発展の力に変えていけるでしょう。

日本随一の繁華街である新宿駅東口では、私たちの清掃活動に反応され、商店街の方々が立ち上がり、日中、互いの商売の手を少し休めて、街の掃除を始めました。街がきれいになると、悪者が寄りつけなくなります。警察署の方によると、清掃を始める前と比べ、この地区の犯罪率は四〇パーセント近くも低下しました。誰の責任でもない問題を、自分たちの問題として捉えた結果です。

遠きをはかる者は富む

街や社会のさまざまな問題を、自分の問題と捉えて立ち向かっていくには、強い覚悟が必要です。私は、もとから強い人間であったかのように見られますが、そんなことはありません。五人兄弟の末っ子として甘やかされて育ち、意気地《いくじ》のない弱い子供でした。

そんな私が、なぜ一度始めたことを途中で投げ出さず、継続できる人間になれたかと言えば、「掃除以外に自分が歩める道はない」と覚悟を決めたからです。人間の心はガラスのように脆《もろ》く、壊れやすいものです。しかし覚悟を決め、決断をし、集中力を高めて行動することにより、心を鋼鉄のように強くすることができます。

私が二十歳で自動車関係の会社に入った当時は、業界全体が汚くて当たり前、商いの行儀も悪く、仕入先を散々買い叩《たた》き、支払いはできるだけ遅くするという悪習慣が染み付いていました。この業界をどうにかして変えたいと、私は目標を描きました。けれども、その会社に勤め続けていては実現できません。ならば自分で事業を起こし、理想の会社を実現しながら、悪しき業界の習慣を変えていこうと思い、独立を決断したのです。

安定した地位と収入を捨て、自転車一台からの創業でした。もしそれが自分一人の欲望を満足させるために始めたことであったのなら、私はとても創業の困難を耐え抜けなかったでしょう。

費やした努力が自分一人のためにしかならないのなら、それは欲望です。費やした努力が自分のみならず、業界や社会、国家のためになるのが志です。業界の中で、自分の目先の利益を求める会社はすべて滅びて消えていきました。

二宮尊徳の言葉に「遠きをはかる者は富み、近きをはかる者は貧す」とあります。十年、二十年先を見据え、覚悟を持って社会の問題を自分の問題として捉え、立ち向かっていく。そんな志の経営こそが、強い会社をつくります。

忍の徳

よい社風が会社を強くする

ある小学校で掃除実習を終えた後、参加した児童の一人がこう言いました。

「なんだかトイレが広くなったなあ」

掃除をしただけで、スペースを拡げたわけでも照明を増やしたわけでもないのに、トイレが明るく、広くなったように感じられる。これは徹底した掃除によって、そこに充満していた「悪い気」が除かれ、「よい気」が発散されたからです。

「元気」「根気」などの言葉に含まれる「気」は、生命の原動力であり、活力の源泉として、人間の行動や生活に大きな影響を与えます。

汚いものは悪い気を発散して、悪者を招き寄せます。きれいに掃き清められた伊勢神宮や明治神宮に悪者がたむろしているということを、聞いたことはありません。悪いことは、いつも汚いところからはびこるのです。

繁華街を掃除していると、歩道と店舗の段差を埋めるプレートの下に、ゴミが大量に溜《た》まっていることがあります。その下にどれだけゴミがあるのかは、プレートを持ち上げてみないと判別できません。しかし、私には上から見ただけで、ほぼ分かります。プレートの下から、悪い気がもうもうと発散されているのを感じるからです。

会社に対しても同じことが言えます。一見すると順調そうでも、裏に問題を抱えている会社は、社風の悪さが、社員の表情や態度からすぐに感じ取れます。社風の悪い会社の人は、問題が起きると、自分以外に原因を求めます。何があっても「他人のせい」ですから、人間関係は荒み、周囲に悪い気がどんどん拡散していきます。反対に社風の穏やかな会社の人は、問題が起きると自分に原因を求め、改善しようと努力します。

誰かのせいにして放置された問題は、時間と共に膨らみ、悪い気を発し始めます。問題が起きること、それ自体が悪いのではありません。起きた問題にどう対処するかによって、結果はよくもなるし、悪くもなるのです。

有利なことは控え目に

十一歳までは裕福な家庭で何不自由なく育った私は、東京大空襲で家も財産もすべてを焼かれ、岐阜の山奥での疎開生活を余儀なくされました。

そこで私は二十歳まで農業生活を経験しました。ほしいものはすぐに手に入った以前の生活と比べ、農業は待たなければ収穫は得られません。つらく苦しい人生の逆境でした。しかし、その逆境があったからこそ、私は勤勉さと忍耐心を身につけることができました。裕福な環境であのまま育っていたら、今の私はなかったでしょう。

仏教に「忍《にん》の徳たること、持戒苦行《じかいくぎょう》も及ぶこと能《あた》わざるところなり」(『仏遺教経』)という言葉があります。耐え忍ぶことは戒律を守ること、苦行を修めることすら及ばないほどの優れた徳性であるという意味です。自分に有利なことは控え目にし、周りの人に極力負担をかけないようにする。そんな生き方の人は、よい気を発散し、周囲を穏やかにします。

私はホテルを利用する際、必ず洗面具を持ち歩き、備品はほとんど使いません。連泊する時は「シーツは取り替えなくて結構です」と紙に書いて外出します。資源の無駄を少なくするためでもあり、お掃除に入る方の負担をなるべく少なくしたいからでもあります。チェックアウトの前には、ベッドのシーツや部屋の中をきちんと整えてから出るように心がけています。部屋が汚くて、掃除をする方が気分を害されたとしたら、その悪い気は周囲の方にまで伝わるかもしれません。

会社を明るくしたい、社風をよくしたいと思ったら、まず上に立つ者から「忍の徳」を心がけ、よい気を発散できるように努力することです。そうして会社がよい気で満たされれば、争いはなくなり、今ある問題のほとんどが解消するはずです。

誇りを持てる会社

カリスマ性を身につけるには

「どうすれば創業者のようなカリスマ性を身につけられますか」

会社の後継者の方から、こんな質問をよく受けます。社長を受け継いだけれど、なかなか思いどおりにいかない。社員を上手に動かせる、リーダーとしての魅力を培《つちか》うには、何をすればいいかということです。しかし、カリスマ性などというものは、つくろうとしてできるものではありません。できるだけ早く、簡単に身につけたいと思っているのであれば、その考え方自体を改めたほうがいいでしょう。

千年を超えるような歴史のある神社には、とてつもなく存在感のある大木があるものです。ただ大きいとか、どっしりしているというのではなく、神々《こうごう》しさを備えています。それは地中の水分や養分だけで育ったものではありません。目に見えない、神域のすべてを吸収しながら、長い時間をかけて、ああなっているのです。

人間も同じです。「この人は信頼できる」「ついていきたい」と思われるような人間的魅力は、一朝一夕《いっちょういっせき》には身につきません。それを一気に得ようとするから無理が出て、周囲に期待ばかりをするようになり、ますますうまくいかなくなるのです。詰め込んだ知識や技能で取り繕おうとしても、必ず見抜かれます。

では、どうすればいいか。急いで成果を出そうとするのでなく、誰もが見過ごし、やらないような、遠くて、小さくて、弱い問題から根気よく取り組むことです。よく社内を観察して、手間のかかる面倒な事柄を黙って引き受け、それをコツコツと積み上げる。現場の社員ほど、上の立場の人間の行動をよく見ています。「大変だなあ」と同情されるくらいの姿を示すことが大切です。そうすれば、求めるものは自然と備わってきます。

弱者に優しい会社を

これから経営を担う方には、「会社を測る物差し」をしっかりと自分の中に持っていただきたいと思っています。

会社である以上、売上げと利益を伸ばすことは大切です。しかし、そのために社員を酷使し、取引先に嘘《うそ》をつき、世間から顰蹙《ひんしゅく》を買うような会社が「いい会社」と言えるでしょうか。経営をするならば、ぜひ「社員が誇りを持てるような会社」をめざしていただきたいと思います。

会社の規模の大小や利益の多少と、誇りを持てるかどうかは関係がありません。誇りを持てない会社には共通点があります。それは強者に弱く、弱者に強いことです。大手の納入先やお客様にはへりくだるけれども、仕入先や出入りの業者など、立場の弱い人には威張り散らす。そんな会社で働く社員の心は、必ず荒み、社風が悪くなっていきます。

私は現役時代、「よき社風」をつくることを経営で最も大切にしてきました。

イエローハットの本社では、お客様から引き取った古いタイヤが毎週、三百本以上は集まります。それを毎週月曜日の朝に、専門の業者の方がトラックで回収に来てくださるのですが、到着する前にはタイヤを倉庫から出して並べておき、さらに社員十人ほどで待って、一緒に荷台へ積み上げるようにしていました。また、近くにコーヒーやお茶などを入れた温冷蔵庫を置いておき、自由に持ち帰っていただけるようにしていました。

こうしたことがきちんと、当たり前にできる会社に、社員は誇りを感じるはずです。

郵便を配達してくれる人、出前を持って来る人、商品を届けに来る人、運送会社の運転手さん。そういう人に分け隔てなく接し、喜ばせる努力ができる社員を一人でも増やしていくこと。その努力を積み重ねていけば、黙っていても社員はついてくるようになるでしょう。

箸よく盥水を回す

一つに特化する

店や会社を繁盛させるには、どうしたらいいのか。それは店や会社を徹底的にきれいにすることです。きれいにした上で、何か一つに特化していくことです。特化するというのは、支点・支柱をつくるということです。支点ができればテコを使って、大きくて重い物も動かすことができます。

例えば、おもてなしの追求。訪れた方へのさわやかな挨拶《あいさつ》、相手の立場に立った心づかい、そこにいるだけでゆとりが感じられる、気持ちのいい雰囲気づくりなどです。

埼玉県三芳《みよし》町にある石坂産業さんは、まさにそのような会社です。主な事業は、産業廃棄物の処理です。とかく世間からは「きつい・汚い・危険」の３Ｋと見られがちな仕事ですが、同社二代目の石坂典子社長は、そのイメージを一変させようと、たいへんな努力をされています。

毎日、大量のゴミがトラックで運び込まれてくるのですが、社内はとてもきれいです。整理整頓《せいとん》が行き届いており、余裕を感じました。多くの会社は、できるだけ効率をよくするために、何事もギリギリでやろうとします。すると働く社員の心も荒んでいき、その不安やイラ立ちが、目に見える形で表れてくるのです。石坂産業さんは徹底的にきれいなことに加えて、働く社員がとても心穏やかで親切な方ばかりでした。訪問した私たちを案内してくださる方だけでなく、通路で偶然すれ違う社員の誰もが、心から歓迎してくれているのが伝わってくるのです。

言葉の挨拶は、少し訓練をすれば、どこの会社でもできることです。心から相手に伝わる挨拶を、いつでも、誰に対してもできるかどうか。千人いれば千人から「ここまでやっているところはほかにない」と評価されるくらいまで徹底するのが、特化するということです。

業界や社内の誰もが「到底できっこない」と思っていたことを見事にやり抜いた石坂典子社長の覚悟と決断に、私は心から敬意を表します。

すべては一人の決断から始まる

石坂さんは父親が創業した会社を継ぎ、三十歳で社長になりました。すでに二児の母でした。

当時はダイオキシン問題で産業廃棄物の処理会社への風当たりが強く、中でも規模の大きい石坂産業は、地域住民から、すさまじい反対運動を受けていました。会社がどうなるか分からないという大きな逆境の中、石坂さんは一人で決断をしました。先代が十五億円をかけて建設した最新鋭の焼却炉を解体し、新たに四十億円の借り入れをして、環境に優しく、働く社員にも優しい新工場をつくったのです。

さらに、それまで荒れる一方だった敷地内の森を徹底的にきれいに明るくし、昔ながらの美しい里山へと再生させました。今では地域の人たちの憩いの場となり、石坂産業は社会になくてはならない会社へと生まれ変わっています。

こういう結果が初めから保証されていたら、誰だって努力します。けれども石坂さんは、どうなるかまだまったく分からない時に、周囲が猛反対している時に、たった一人で覚悟を決め、決断をしました。

昨今は何かあると、やれ打ち合わせだ、話し合いだと集まっては会議をします。すべてが無駄とは言いません。ただ、本当に大切なこと、やらなければならないことは、会議では決断できません。今の政治や行政を見れば、よく分かります。第三者委員会などを設立して審議をしますが、あれは当事者の責任逃れでしかありません。何人集まろうが、覚悟をし、決断する人間が一人もいなければ、何も変わらないし、何も始まりません。

「箸《はし》よく盥水《かんすい》を回す」という言葉があります。

人間一人の力は小さく見えます。しかし細い箸一本でも、たらいの水を根気よく、熱心に回し続ければ、最後には全部が大きな渦となって回り出します。一人の覚悟、一人の決断からすべては生まれ、始まるのです。

進歩を止める三要素

効率主義と便宜主義

できるだけ手を抜いて、小さな努力で大きな成果を得ようとする人は、一時はよくとも必ず行き詰まる。これは社会で数多くの人を見てきた私の実感です。

工夫を重ねて無駄をなくす効率追求は、悪いことではありません。むしろ適度な効率主義は、人間と社会の進歩につながるものです。けれども多くの場合、その適度が保てずに、度が過ぎてしまうのです。

例えば、塗っては乾かす工程が十段階必要な塗り物があった場合、工夫改善をし、九段階で同じ品質のものがつくれるようになったとすれば、それは進歩です。しかし、十段階かけるべき手間を、バレなければいいだろうと手を抜いて、六段階でよしとしてしまう。これは効率主義ではありません。便宜主義です。

「便宜主義」「形式主義」「小市民主義」。この三つは進歩を止める三要素です。これにとらわれると、人間は進歩しないばかりか、退化してしまいます。

ある著名なオペラ歌手の方と三回にわたり、テレビで対談をしたことがありました。収録前のメーキャップの時、歌手のお付きの人がふと「これでいいか」と独り言を言うのが聞こえました。「これでいいか」という言葉には、本当はもっとできるけれども八分目で止めておこうという響きがあります。すぐさま歌手の方に「私は、これでいいかという言葉は好きではありません」と言いました。すると歌手の方も「実は私もそうなんです」と答えられ、メークを続けられたことがありました。

「とりあえず、これでいいか」という便宜的な取り組みは、人間を堕落させます。放っておくと、ひいては組織を崩壊させるもとになるのです。

持たざる子の心を推し量る

臭いものにフタをして、形を繕おうとするのが形式主義です。

イエローハットのとある店舗で、三台分の駐車場を横切るように車を停め、店に入ろうとするお客様がいました。すぐに駆け寄って「すみませんが、線の中に真っ直《ます》ぐ停めていただけませんか」とお願いしたのですが、「すぐ帰るから」と聞く耳を持ちません。

「いえ、すぐでも真っ直ぐ停めてください」

「いいじゃないか、ガラガラなんだから」

私ははっきり申し上げました。

「あなたのようなことをされると、この店はあんな停め方が許されるのだと、ほかの人も真似《まね》をされるから困るのです。停め直してください」

結局、その方は「二度と来るか」と言って、何も買わずに帰っていかれました。

なぜ、私が車の停め方一つに厳しい態度を貫いたのか。それは小さなルール違反が積もり積もって、全体の秩序を破壊することを知っていたからです。

最近よく耳にする「想定外」という言葉は、まさに形式主義でしょう。考えていなかったのに考えているふりをしていたにすぎないのです。「考えたくないから考えなかった」と胸を張って言っているのと同じで、無責任そのものです。

便宜主義と形式主義が染み付いた組織は、誰もがこぢんまりと自分だけの幸せを追い求める、小市民主義にも陥りがちです。「自分さえよければいい」という考え方が蔓延《まんえん》した結果が、今の日本です。

教育哲学者の森信三先生に、こういう逸話があります。

森先生がある小学校を訪問した際、そろばんの授業なのに、一人だけそろばんを持っていない子供がいました。担当教員がそのまま授業を始めようとしたのを見て、森先生は叱《しか》りつけます。「今、このそろばんを持っていない子供の心を、なぜ推し量れないのか。そんなことも分からないようでは教師の資格はない」と。

自分さえよければいい。その考え方が教育現場から企業社会まで、世の中を悪くしている元凶です。そこから抜け出すには、「私」を小さくして「公」を大きくすること。企業であれば、経営者が公共心をどれほど持っているかです。便宜主義、形式主義、小市民主義と決別する鍵は、周囲を喜ばせる生き方にあります。

大きな努力で小さな成果を

心穏やかに生きるために

「大きな努力で小さな成果を」

学歴も知識も、技能もない私ですが、ただ人生でこれだけは信念を持って実践してきました。こう言いますと、多くの方が怪訝《けげん》な顔をされます。「逆ではないのか」と言われるのです。

昨今、日本の世相が悪化している一番の原因は、「小さな努力」で「大きな成果」を安易に得ようとする人が増えすぎたことにあります。楽をして大きな成果を手にすると、「次もうまくいくだろうか」「誰かに奪われないだろうか」と心配が増え、心が不安定になります。「大きな努力」で「小さな成果」を得る生き方は安定していて確実であり、心穏やかでいられます。

以前、ある国策銀行から依頼されて話をしたところ、「ビジネスの世界で何をバカなことを言っているのか」と嘲笑され、全否定されました。「労せずして手に入れよう」という安直な経営が長続きするはずがありません。この銀行はまもなく姿を消しました。

平成二十三年に経営破綻《はたん》した世界的なバイオ企業・林原の林原靖《やすし》さんが、『破綻』（WAC）という本を書かれました。私は過去三回、林原社長と面会したことがありますし、本社を見学して「これは岡山だけではなく、日本になくてはならない会社だ」と感じました。その優良企業が、なぜ、あれほどあっけなく倒産してしまったのか。この本を読んで、自分の利益のためには平気で人を踏み台にする、日本の金融界の異常さをつくづく感じました。

人をかきわけ、踏みつけても進もうという姿勢は、金融界だけのものではありません。今や日本中の空港や駅で、「少しでも早く乗ろう」「人より早く降りよう」と、他人のことなどお構いなしに行動する日本人が、実に多くなりました。

心の荒みは、社会の荒みです。「自分さえよければ」から「あなたもよければ」へ。究極的には「あなたさえよければ」という心に変わることができれば、莫大《ばくだい》な税金を治安や教育に注がなくとも、日本は間違いなくよくなっていきます。

痛苦骨を噛む失敗に学ぶ

もちろん、ビジネスで成果を上げるには、上を向いて登ろうとする努力が必要です。ただ、それが他人を押しのけ、踏み台にする登り方であれば、「膨張」はできても「成長」することはできないのです。

かつて年商の六割を占めていた得意先のビッグストアーから、法外な要求をされることが多くなりました。耐えに耐えて言い分を聞いてはきましたが、これ以上無理を聞いても社員にも相手にもいいことはないと思い、取引中止を伝えました。一歩間違えば会社が潰《つぶ》れる危険性もありますから、簡単な決断ではありません。ただ、私はたとえ規模が大きくても、人を不幸《ふしあわ》せにするような会社にだけはしたくなかったのです。

ある程度まで登りながら崖下に転落するような経験を、私は何回もしてきました。そのおかげで、下からものを見上げ、弱い立場の人の思いを知る経験もできたのです。リーダーは上に登る努力だけではなく、時には下に降りる「下座《げざ》」の努力が必要です。

森信三先生の言葉に「自分の犯した過失や失敗は、文字どおり痛苦《つうく》骨を噛《か》むと言ってよく、これこそ実に『自己教育』の中核をなすものと言ってよい」とあります。失敗による痛みを、他人のせいにするか、自分の学びとするかで、人間の質が変わります。

昔の日本人は、手にする報酬よりも、はるかに多くの努力を己に課していました。一人でも多くの人が、見返りばかりを求めず、努力そのものに意義を見いだせるようになれば、世の中はもっと穏やかになります。今こそ「大きな努力で小さな成果を」の生き方に、真剣に取り組む時ではないでしょうか。

●母を憶う●「忍の徳」に生きる

母の人生は「忍耐と辛抱」の人生でした。その母の姿に感化されて、私は変わったのです。もし母が凡庸な人でしたら、私はきっと、だらしのない人生を送ることになっていたでしょう。

両親を早くに失くした母は、極貧の生活の中で裁縫を覚え、家計を支えていました。結婚後は靖国神社の近くに住まいを構え、父と青果店を切り盛りします。寡黙ながら誠実な父は、よいお客様にかわいがられ、店は繁盛しました。母は毎晩、遅くまで働き通しです。一緒に寝たい私は「早く帰ろう」「うちに帰ろう」と駄々をこねては、母を困らせていた記憶があります。

経済的には余裕のある暮らしの中、兄や姉は末っ子の私をとても大事にしてくれました。学校の宿題まで代わりにやってくれるものですから、私は「勉強なんて、自分でするものではない」と思っていたほどです。

そんな穏やかな日々も、昭和十九年九月の集団疎開と翌二十年三月十日の東京大空襲で一変します。家も財産も、築き上げた生活基盤のすべてを焼かれ、岐阜の山奥でゼロからの農業生活を余儀なくされました。

父は農家の人が見放した荒れ放題の田畑を耕し、母は近隣の農家の手伝いに駆け回っていました。過酷な重労働に一日中従事して、母が手にする報酬はわずかにお米一升。それでも愚痴一つ言わず、ただ黙って鍬《くわ》を振り続ける姿。

「少しでも母を楽にさせたい」

その思いが、私を変えました。

農業は待たなければ収穫は得られません。しかも、どれだけ骨を折ったとしても、約束・保証されたものは何一つありません。多雨、旱天《かんてん》、病虫害に加えて、野鳥や野獣の害。むしろ、思いどおりにいかないことのほうが多いのです。挫折《ざせつ》と破綻《はたん》が、私を芯《しん》から鍛えました。「労働の喜び」を知りました。

厳しい暮らしの中でも、母は常に身の回りを整え、掃除をし、生活を美しくする努力を欠かすことはありませんでした。玄関の格子戸など、一日に何度も雑巾《ぞうきん》がけをするうちに、桟《さん》がだんだん丸く変形してしまったほどです。貧しくとも、惨めではない。その後、私が二十八歳で会社を起こし、自転車一台で行商を始めたころ、心を支えたのは、そんな父や母の後ろ姿でした。

仏教に「忍《にん》の徳たること、持戒苦行《じかいくぎょう》も及ぶこと能《あた》わざるところなり」という言葉があります。耐え忍ぶことは戒律を守ること、苦行を修めることすら及ばないほどの徳性である――。まさに「忍の徳」に生きた母であったように思います。

第三章　後世に受け継ぐ国づくり

益はなくとも意味はある

自分にできる唯一のこと

たった一人で掃除を始めて、気づけば五十年がたちました。

昭和三十六年、私は自動車用品販売の会社を創業しました。産声を上げたばかりの会社に入社を希望してくるのは、多くの会社を転職してきたような経歴の人ばかり。心は擦り切れ、荒《すさ》んでいました。営業に出てもまともな対応をしてもらえず、憂さを晴らすために、机の上に鞄《かばん》を投げ出し、椅子《いす》を足で蹴《け》り、社内で八つ当たりをする。そんな荒んだ社員たちの心を、どうにかして穏やかにしたい。熟慮の末、私にできる唯一のこととして取り組んだのが掃除でした。

社員が心穏やかに働くことのできる環境をつくるために始めた掃除です。ところが、なかなかその意義を理解してもらえず、「掃除しかできない社長」と陰口を言われました。トイレを磨いている私の横で、平気で用を足していく社員、営業所の掃除を始めると、どこかに消えてしまう社員。最初の十年間は、ほとんど私一人だけの掃除です。「虚《むな》しさ」「はかなさ」との闘いでした。

それでも負けずに続けてくることができたのは、自分で始めた掃除の価値を見失わなかったからです。

十年を過ぎるころから、一人、二人と手伝ってくれる社員が現れました。二十年になるころには、ほとんどの社員が掃除をするようになり、会社と近隣の道路を掃除する社風が定着しました。

ティッピングポイント

「益《えき》はなくとも意味はある」

中国・春秋時代の政治家の生涯を描いた宮城谷昌光さんの小説『晏子《あんし》』から学んだ教えです。自分の利益に結びつかないことでも、周囲の人や社会・国家のために努力すること、それ自体に大きな意味はある。現代においても色あせることのない、本質をついた至言です。

近ごろは、見返りが保証されないことは損だという価値観の大人が多くなりました。益がなければ取り組む意味はないという考え方です。

こうした風潮を助長しているのが、政治家です。誰が考えてもできもしない高速道路無料化を掲げ、民主党が政権を取ればすぐに見返りがあるように喧伝《けんでん》しました。それに期待した国民も国民ですが、無用な混乱だけを残す結果となりました。

どれだけ得をするか、儲《もう》かるか、そんな目先の好都合を求める人が増えるほど、社会は荒み、日本の国は悪くなります。益はなくとも意味のある生き方を選ぶ人を一人でも多く増やしていかなければ、日本の国はいずれ傾くでしょう。

見返りが保証されないことに取り組み続けるには、相当な根気が必要です。掃除の活動にしても何にしても、やり始めてしばらくは、思うように効果が得られない時期が続くものです。そこで辛抱できず、「あと一息」というところで努力をやめてしまう人が少なくありません。

ところが、そこを耐えて努力を重ねていくと、ある時点を境に、野火のように一気に全体に行きわたる劇的瞬間、ティッピングポイントが訪れるのです。

二十年前、「日本を美しくする会」運動を始めた時も、会の趣旨を理解してくださる人はごく少数でした。それが今では全国に百二十七の会ができ、いつもどこかの学校や駅、繁華街で掃除が行われるようになりました。さらに国境を越え、アメリカや台湾、ブラジル、イタリア、ルーマニア、ハンガリーにまで掃除の輪が広がっています。

その「瞬間」がいつ訪れるかは誰にも分かりませんが、一歩一歩着実に近づいていることは確かです。

人はめざす目標がはるか遠くにあると、「そんなことは不可能だ」と決めつけ、足を踏み出そうとしません。けれども、どんな不可能と思える目標であっても、今は遠くにあるというだけで、根気よく一歩一歩近づいていけば、必ず到達できる。私はそう信じています。

「益はなくとも意味はある」

この言葉に、真摯《しんし》に耳を傾けるべき時ではないでしょうか。

不幸せな豊かさ

「たかが掃除」「されど掃除」

現在のイエローハットの基礎となる小さな会社を興した後、社員の荒んだ心を穏やかにするために始めたトイレ掃除。三十年を過ぎるころから、全国に「掃除に学ぶ会」が設立され、地域の学校や公園を掃除するようになりました。

「たかが掃除」。ほとんどの方が、最初はそんな反応をされます。しかし、そこで勇気を出して実践された方は、こう言われます。「されど掃除だ」と。

掃除には、人を変える力があるのです。

先日、数年ぶりに再会したA君は、広島の暴走族の元リーダーです。今では三児の父として、福祉の仕事に励んでいます。奥さんも元暴走族です。

広島の暴走族と言えば、規模も荒々しさも全国有数で、暴走行為を食い止めるのに千五百人もの機動隊を動員しても止めることはできませんでした。警察の依頼を受けて平成十一年、「広島掃除に学ぶ会」が中心となり、金髪、ピアス姿の少年少女と公園のトイレを掃除しました。「騙《だま》しやがったな！」と不満ばかりの彼らも、率先して磨き始める大人の姿に、しぶしぶ便器に向かいます。十五分もすると熱中し、二時間、汗だくになってトイレをピカピカにしました。

「こんな大人もいるんだなあ」

一人の子が独り言を言うのを、私は耳にしました。

活動を続けるうちに、自《みずか》ら暴走族をやめる子が出始め、暴走行為は消滅しました。「たかが掃除」が、荒んだ彼らの心を変えたのです。取り締まりにかかる莫《ばく》大《だい》な社会コストの節約にもつながりました。

戦後の日本は、これまでに一千兆円を超えるお金を社会につぎ込んできました。果たして、それで日本はよい方向に進んだのでしょうか。「不《ふ》幸《しあわ》せな豊かさ」の国、それが今の日本です。

私がルーマニアを訪ねた時のことです。長く共産党政権が続いたために、ルーマニアの国家財政は非常に厳しく、経済水準は低いままです。その中でも、まず自分たちにできることから実践し、社会を変えていこうと、勇気を出して掃除に取り組む人たちが現れたのです。

掃除大会に先立ち、私から「大きな努力で小さな成果を」という話をしました。労せずして大きな成果を得ようとすれば、心が不安定になる。平凡なことを紙一枚の厚さでも徹底して積み上げることが、より確実な生き方である。そう申し上げましたが、語訳がなかなか進みません。私の考え方を伝えようとしても、実感がないので訳せないのです。

その後、近くの公園を全員で掃除しました。すると、その通訳の女性が「掃除をしたら、鍵山さんの話が面白いほど分かるようになりました」と言うのです。その後は別人のようにスラスラと通訳をしてくださいました。自ら手足を動かし、実践することで、たくさんのことに気づかれたのでしょう。

志は高く、実践は足元から

うまくいかない国や会社の共通点は、「制度」をつくることに熱心で、それを運用する「人間」をつくろうとしないことです。立派な言葉を並べるだけで、足元のゴミ一つ拾えぬ人間に、何ができましょうか。

教育哲学者の森信三先生に、こんな話があります。

ある勉強会の席で、一教師が生徒指導の困難さを述べたところ、森先生は「そのことに対してあなたは今、何をしておられますか」と問い返し、こう言われました。「仮に大講堂で停電し、真っ暗になったとする。その時、五ワットの電灯一つ、ローソク一本あれば、手探り、足探りせずに外に出ることができる。あなたの言われたような状況の中で、あなたはなぜ、ローソク一本立てようとされないのですか」と。

リーダーがただ不遇を嘆くばかりでは、現状は何も変わりません。「志は高く、実践は足元から」です。あなたは今、何をしておられますか。

質を高める努力

「無明の人」とならないために

「台湾を美しくする会」の大会へ参加した折、台南まで足を延ばして、八田與一《はったよいち》氏のお墓に参りました。

八田氏は土木技師として、東洋一の烏山頭《うさんとう》ダムをつくり、作物不毛の嘉南《かなん》平野を台湾最大の穀倉地に変えた人物として、台湾の教科書にも載る偉人です。嘉南の人々は八田氏の遺徳を永遠に伝えようと、ダムのそばに銅像と墓を建てました。「飲水思源《いんすいしげん》」（水を飲むたび、井戸を掘った人の苦労を思え）の言葉どおり、命日には今も盛大な墓前祭が行われています。

東日本大震災が起きた時、台湾の人々は他のどの国よりも早く救援の手を差し伸べ、また、どの国よりも多い二百億円もの義援金を送ってくれました。

それに対し、当時の民主党政権は、各国代表を招いた追悼式典において台湾代表に上席を用意せず、献花さえさせませんでした。「日本は恩知らずな国」と非難されても仕方のない行いです。

傲慢《ごうまん》、無反省、忘恩。人間の「三悪」です。日本はここ何年かで「ここまで来たか」と嘆きたくなるほど、人間の質が低下してしまいました。

公共の電車の乗り方はその一例です。最近は目的の駅に電車が着き、ドアが開いてから席を立ったり、棚の荷物を降ろし始めたりする人が増えました。支度をせず、ギリギリまで楽をしようとするのです。当然、乗ってくる人の流れを妨げたり、ぶつかったりすることも多くなります。

以前も慌てて降りる人はいましたが、わざとではありませんでした。最近の日本人は、分かっていながら平気で悪をやる。こういう人間を「無明《むみょう》の人」と言います。

未来の子孫に遺すもの

日本の将来は暗い、暗いと言われますが、それは「自分さえよければいい」という無明の人ばかりの国へと、人間の質が低下したからにほかなりません。

人口が減る中で、日本が国力を保っていくには、人間の質を高める以外にありません。人間の質を高めるということは、人格を高めること、心を磨くことです。

孟子は人間の条件として「惻隠《そくいん》」「羞悪《しゅうお》」「辞譲《じじょう》」「是非《ぜひ》」の四つを挙げました。「惻隠」とは他者を思いやる心、「羞悪」は恥を知ること、「辞譲」は謙虚に譲る心、「是非」は正しいことと悪いことを判断する心です。かつての日本は今よりずっと貧しかったけれど、これらを備えた人間がたくさんいました。明治期に日本を訪れたある外国人は、「日本の庶民は、西洋で言えば、ごく一部の王侯貴族にしかない資質をみな備えている」ということを書き残しています。

日本人の質が落ち始めた原因の一つは、「この世に存在するすべてのものは測定でき、数値化ができる」というアメリカ式の理論を、無防備に導入したことにあります。今の日本は学校の成績も会社の業績も、すべて数値化です。評価が一律で、簡単だからです。その一方で、数値化できない「一所懸命さ」や「譲る心」「人柄」などは評価されなくなり、切り捨てられるようになりました。とりわけ小泉内閣によりその傾向に拍車がかかり、日本は変質しました。

自分の任期中の利益しか考えない「私益」のリーダーは、必ず行き詰まります。いい仕事をして、得たものは後世に遺《のこ》す。そうした偉大な先人たちが積み上げた恩恵の上に、現在の日本があるのです。今、人間の質を高める努力なくして、未来の子孫に遺せるものはありません。

目先のことにとらわれて楽をし、後で「やっておけばよかった」と思うよりも、少し痛い思いをしても「やっておいてよかった」と心穏やかに振り返ることができる、そんな生き方をリーダーがまず実践することが、日本の質を高める第一歩となります。

真に勇気のある人

街を汚す平和運動

沖縄の地で、勇気ある活動を続けている有志の方々があります。「平和活動家」が汚した米軍基地を清掃する「フェンス・クリーン・プロジェクト」です。沖縄では「平和活動家」を名乗る人たちが、連日、米軍基地のフェンスに赤い旗やガムテープを括《くく》りつけ、出入りする米軍関係者に罵声《ばせい》を浴びせるといった行為を繰り返しています。

彼らが我がもの顔でテープや旗を巻きつけているのは、自分の土地ではありません。他人の土地です。覆面・サングラス姿で「ヤンキー、ゴーホーム」と罵倒する相手は、米軍兵士だけではありません。その家族や幼い子供であっても、基地に出入りする人間であれば見境がないのです。

ここまで来ると犯罪ではないかと思えるのですが、「反戦平和」「反基地」「反自衛隊」を掲げる彼らのやることに、警察は手を出せないでいます。

そんな状態の中、「こんな平和活動はおかしい」と感じた若者たちが立ち上がり、テープをはぎ始めたことから、フェンス・クリーン・プロジェクトはスタートしました。リーダーの手登根安則《てどこんやすのり》さんは、長年のPTA活動を経て、沖縄の教育問題を検証する活動を始められた方で、「反戦を叫んで街を汚す行為を放ってはおけない」と、活動の輪を広げておられます。また、罵声を浴びせる活動家のすぐ横で、米軍への友好を表す横断幕を掲げ、笑顔で挨拶《あいさつ》をする「ハート・クリーン・プロジェクト」も、週一回のペースで継続されています。

こうした活動を続けるうち、米軍の中から、フェンスの清掃に参加したり、わざわざ車から降りて握手を求めたりする兵士が現れ始めたのです。

有志の勇気を大きな渦に

私は平成二十五年以来、数回にわたって「日本を美しくする会」の有志の方々と共に手登根さんたちの活動に加わりました。およそ平和とは正反対の活動家たちの姿を目にして、沖縄の平和運動に対してかねてから抱いていた疑問は、確信へと変わりました。

戦争のない世界を願う思いは、私だって同じです。私の両親も、築き上げた生活基盤のすべてを東京大空襲によって失っています。なくて済むなら、基地も軍隊もないほうがいい。しかし、現下の日本を取り巻く情勢を見れば、軍備なくして日本を守れないことは、誰が考えても分かることです。

果たして今、沖縄から米軍がいなくなり、日米同盟にヒビが入るのを喜ぶ国はどこでしょうか。フィリピンでは、反米運動を受けて米軍が撤退すると、すぐさま中国が軍を差し向けて周辺諸島に基地を建設しました。今では領海内に中国の漁船が我がもの顔で入り、好き勝手に魚を獲っています。もし沖縄から米軍が撤退したら、どうなるのか。そうなってからでは遅いのです。

手登根さんたちが立ち向かう平和活動家の多くは、日教組（日本教職員組合）の元教師や、自治労（全日本自治団体労働組合）の公務員ＯＢです。私は「日本を美しくする会」の発足から二十年来、全国のさまざまな学校を見てきましたが、日教組の力が強い学校は、たいてい学校全体が汚くて、特にトイレが汚れています。

悪いことは、いつも汚いところからはびこるもの。トイレが汚い学校は、生徒の心も荒んでいました。平和活動家が汚したフェンスをそのままにしておけば、やがては街全体が汚れ、住む方々の心の荒みにつながります。

手登根さんたちの勇気ある活動に、私は「いかなる理由があろうとも、街を汚す行為に正義はない」という激励の言葉を贈りました。

後から来る者のために

生まれた国に誇りを持てるか

日本は不思議な国です。

世界の中で、自国に誇りが持てるように子供たちを教育する国は数あれど、歴史を改ざんしてまで自国を貶《おとし》めて教えるのは、日本だけだからです。

戦後の日本は、近隣の国々からのいわれのない中傷や干渉、圧力に屈して、自国の歴史を歪《ゆが》め、改ざんし続けてきました。学校で使われる歴史教科書まで周辺国の圧力に屈し、内容が歪められてきました。

これは敗戦後、それまでの歴史や文化を否定し、国家の存在を否定する左翼思想が蔓延《まんえん》したためでもあります。そうした思想を持つことを、進歩的と見なす世相でもあったのです。時代が進むにつれ、多くの人がそのいかがわしさに気づき、離れていきましたが、いまだに一部で社会的な影響力を残しています。

私は左翼思想に共感しません。左翼思想で幸せになった国など一つもないことを、世界の歴史は証明しています。

学校のトイレが汚いところは、たいてい左翼思想に偏り、日本を貶めるような教育観を持った教師が力を持っています。自分の生まれた国に誇りを持てず、先祖や先人を尊敬することができない子供たちが、自分の街や学校を愛することができるでしょうか。

「公」の意識は愛国心があってこそ

「人間の愛で、最大の愛は祖国愛である」

古代ローマの思想家、キケロの言葉です。自分さえよければいいという「私」の利益しか考えない国民ばかりになったら、国家は成り立ちません。自分以外の人のために何ができるかという「公」の意識は、愛国心があってこそ育《はぐく》まれるものでしょう。

イタリア半島の都市国家から一大発展を遂げたローマ帝国が滅びたのは、外国の脅威のせいでも災害のせいでもありません。「私」の欲望を満たすことにしか関心を抱けない愚民ばかりになったからです。

有史以来、多くの国が興っては滅び、歴史を形づくってきました。その歴史をよく見ると、いずれも「私」が多くなった時に国は滅びるのだということが分かります。

自分の国を愛することの大切さを教えず、権利の主張ばかりを教え続けていたら、日本はきっと、ローマと同じ運命をたどることになるでしょう。

歴史を知るということは、先人たちが何を大切にし、どう生きてきたかを知ることでもあります。それが正しく伝えられない現状は、祖先に対しても子孫に対しても申し訳のないことであり、後世になって取り返しのつかないことにもなりかねません。

私が尊敬する詩人の坂村真民《しんみん》先生に「あとからくる者のために」という詩があります。

あとからくる者のために
苦労をするのだ
我慢をするのだ
田を耕し
種を用意しておくのだ
あとからくる者のために
しんみんよお前は
詩を書いておくのだ
あとからくる者のために
山を川を海を

きれいにしておくのだ
ああ後からくる者のために
みなそれぞれの力を傾けるのだ
あとからあとから続いてくる
あの可愛《かわ》いい者たちのために
未来を受け継ぐ者たちのために
みな夫々《それぞれ》自分で出来る何かをしてゆくのだ

後から来る者のために、どんな日本を残していくのか。今、一人ひとりが自分に何ができるかを真剣に考え、行動を起こす時です。

問題から逃げない

隠すほど問題は肥大化する

人口減少と高齢化が日本の重大な課題として取り上げられるようになってから、何年たつでしょうか。行政や有識者が議論を重ねていますが、一向に好転する兆しが見えません。できることをせず、できないことばかりを議論して、いたずらに月日が過ぎています。上からフタをして見えなくしている間に、問題はどんどん複雑化し、増幅を繰り返していけば、いつか大爆発を起こすでしょう。

教育の問題はその一例です。日教組の活動を野放しにし、問題にフタをしているうちに、手が付けられないほどに肥大化しました。一方、経済界は昭和二十年代から三十年代にかけて、すさまじい労働運動にさらされたものの、日経連（日本経営者団体連盟）などが毅然《きぜん》たる態度で対処したため、今では沈静化しています。

避けられない問題を受け入れ、本質に近づいて解決を図る。それがリーダーの役割です。

平成二十六年、心ある教師の方々を対象にした会を始めました。毎回、必ずトイレや街頭の掃除実習を行います。

ある時、トイレの横にある自動販売機のゴミ箱のフタを開けたところ、缶以外のものも詰め込まれていたため、中身を全部取り出して、分類しました。すると、その様子を見ていた教師のお一人から「なぜ、わざわざそんなことをやるんですか」と質問をされました。

私は答えました。「ここには入れてはいけないものが入っている。これは問題ですよね？　フタのしてあるものには問題が隠れています。それが見えているから、私はフタを開け、問題を撤去しているのです。教育の現場はこれと同じです。目の前の問題から目を背けているから、よくならないのです」と。

たとえフタがしてあっても、中がどうなっているのか、見えないものが見える人間にならなければ、よい教師にはなれません。経営者も同じです。

見えないものを見るのが経営者

近ごろは、災害が起きると「想定外」の一言で幕引きを図ろうとする風潮があります。しかし経済の世界では、何が起きても想定外とは言えません。想定外とは、問題そのものを考えていなかったということであり、経営者がその一言を発しようものなら、たちまち市場の信用を失います。

吉田松陰の『講孟劄記《こうもうさっき》』に「永久の良図《りょうと》を捨て目前の近効《きんこう》に従う。其《そ》の害、言うに堪《た》うべからず」とあります。物事はプラス面を求めれば、マイナス面も必ずついてきます。それを分かっていながら、自分たちが手にするプラス面しか考えないような当事者意識のない人間に、企業の経営はできません。

マイナスなことは隠すほど複雑化し、始末に困るようになります。手が付けられない事態にまで膨らむ前に、見えないくらいの小さな段階で対処しなければなりません。そして、目に見えないものを見るには「気づき」のアンテナを研ぎ澄ましておくことが大切です。

その「気づき」を引き出してくれるのが、私の場合、掃除でした。トイレに向かい、心を無にして磨き上げると、気持ちがすっきりし、素直な心になれます。続けるうちに心が浄化されて、不思議と先のことがよく見えるようになるのです。

多くの人は、掃除がよいことであるのは知っています。しかし、それは自分のやることではない、他人がやることだと決め付けて、荒んだ環境から目を背けています。誰にでもできることをやらずに、できないことばかりを議論しているのが、日本の現状です。ここから抜け出すには、気づいた人から率先して行動していくほかありません。

フタの中の問題が自分の責任によるものだろうと、そうでなかろうと、すべてを受け入れて対処していく。その覚悟を持つことから、リーダーへの道は始まります。

鈍感力

ローマの落日

先日、小学校のトイレを掃除した際、水の流れのよくない排水溝を見つけました。中が詰まりかけているようで、水がじわっとしか吸い込まれません。こういう状況に気づいたら、私はすぐにその場で対処します。「そのうちにやればいいか」と思っている間に、問題は悪化するからです。

今の日本は、この排水溝の状況とよく似ています。世相は確実に悪くなっているのに、多くの人はそれに気づかないか、見て見ぬふりをしています。このまま行けば、いつか国全体が目詰まりを起こし、問題が一気に噴き出すでしょう。

かつてローマ帝国は、地中海周辺に総延長三十万キロもの街道を巡らせ、経済的にも文化的にも大繁栄を遂げながら、滅亡しました。それだけ力を持っていた国が、なぜ滅びてしまったのでしょうか。

イタリア半島の小さな都市国家として誕生したころのローマは、市民一人ひとりが国家という「公」のために何ができるかを考え、行動し、めざましい発展を遂げました。ところが、帝国として繁栄を迎えると、市民は自身のなすべき義務を忘れ、欲望と快楽を満たすために「パンとサーカス」ばかりを要求するようになります。「自分さえよければいい」という「私」の世界の膨張が、磐石に見えたローマを内側から滅ぼしたのです。

このまま行くと、日本もローマと同じ道をたどるのではないかと、私はたいへん危惧《きぐ》しています。

真の幸せは義務の甘受の中に

かつての日本人は、自分の利益より、他人や全体のことを配慮する美徳を持ち合わせていました。宣教師のフランシスコ・ザビエルは、上陸した鹿児島で初めて会った日本人の印象を、こう書き残しています。

「この国の人びとは今までに発見された国民のなかで最高であり、日本人より優れている人びとは、異教徒のあいだでは見つけられないでしょう。彼らは親しみやすく、一般に善良で、悪意がありません」

その後来日した外国人も、ほとんどが日本人を称賛しています。

私は日本を再び、世界中から称賛されるような国にしたいと願っています。この大目標を達成するために、努力し続けているのが掃除です。

今の日本では、ゴミを拾う人よりも、ゴミを捨てる人のほうが圧倒的多数です。自分が捨てたゴミを片付けてくれる人がいて日々の生活が成り立っていることに、多くの人が気づいていません。

自分の権利が守られているかどうか、要求が通っているかどうかということにはとても敏感なのに、普段、自分がいかに守られているか、愛されているかということには鈍感です。まさに「私」中心の世界です。

昨今の安全保障法制に関する議論にも、同じことが言えます。法案成立によって個人の自由や権利がいかに制約されるのかという意見や報道ばかりで、自分たちが先人や国家にどれほど守られてきたのかという視点の議論はまったくというほどありません。

フランスの作家、アンドレ・ジッドは、サン・テグジュペリの『夜間飛行』への序文の中で、次のように記しています。

「人間の幸福は、自由の中に存在するのではなく、義務の甘受の中に存在する」

かつての日本人は、自分の利益に結びつかないことであっても、周囲の人や社会、国家の利益を優先する品性を持ち合わせていました。現代のように「見返りが保証されなければ損だ」という価値観の人がこれ以上増えたら、ローマと同じ歴史をたどることになるでしょう。それでは後世に申し訳が立ちません。

自分の意に反していることにこそ鈍感に。そんな美しい心を持った日本人を一人でも増やすために、私は努力し続けます。

私利を去る

後世に伝えるものがありますか

人生を価値あるものとするために、一番大切なことは何でしょうか。知識を高めることでしょうか、それとも財産を増やすことでしょうか。私は「後世に伝えるもの」を持つことだと思います。後世に伝えるべきものを何も持たず、自分の都合ばかり考えて生きる人生ほど、味気ない人生はありません。

日本は今、多くの課題を抱えています。しかし、原発問題一つとっても「後世にどんな日本を残していくべきか」という観点からの議論がどれだけあるでしょうか。「原発は反対、でも電気料金が上がるのも反対」など、整合性のない主張ばかりです。「世論」とは、お盆に乗せた豆粒のようなものです。お盆が右に傾けばザザーッと右に寄る、左に傾けば左に寄る。その「世論」の流れに合わせて政治をしていたら、国は何度でも滅びてしまいます。

たとえ世の風潮に反したとしても、何と非難されようとも、後世のために「正しい」と思えることを勇気を持って明示できる人、それがリーダーです。

首相官邸がデモ隊に包囲され、自分の身が危険にさらされながらも、信念を貫いた岸信介首相。もしあの時、世論の勢いに負けて日米安保を破棄していたら、日本は今、どうなっていたでしょうか。

人間は自己の損得にとらわれると、先を見通した判断ができなくなります。

私が昭和三十六年に自動車用品の卸売業を始めたころ、業界の体質はひどいものでした。雪が降るとタイヤチェーンをすぐ十倍にして売る、仕入れた商品代金はできるだけ長い手形で支払うなど、行儀が悪く、商道徳などあったものではありません。ただ嘆いていても仕方がないので、自ら模範になるような店づくりをしていこうと心に決め、小売業態の「イエローハット」を立ち上げたのです。

業界の悪しき習慣を改めるために、苦難を背負うことを承知の上で行ったことはいくつもあります。手形取引を現金取引に変えたことは、その一つです。

「長い手形を受け取る会社ほどいい会社」という誤った考えが、業界の常識だった時代です。「現金取引なんてできるわけがない」という声が、社内からも相次ぎました。手形取引をなくすには、まず自分たちから仕入先への支払いを現金にする必要がありますが、出るのは現金、入るのは手形ですから、資金繰りは厳しくなります。相手方は現金になって喜びそうなものですが、こちらも反対でした。「現金だと、たくさん買ってもらえなくなる」と。まさに四面楚歌《しめんそか》でした。

もしあの時、私が自身の損得や目先の好都合にとらわれていたら、到底やり遂げることはできなかったでしょう。眠れない夜もありました。でも「やっておいてよかった」と、今は思います。

当今の毀誉は懼るるに足らず

「私利を去る」。これなくして物事の正しい判断はできません。私益ばかり求める経営者は、判断に芯《しん》がなく、会社も長続きしないものです。

もちろん経営において、会社の利益は大事です。ただ、そもそも会社は、国家の費用で教育された人間を受け入れ、事業を営んでいる存在です。自分の会社の利益が、国家の利益にもつながるような事業であるかどうか。出光興産の創業者である出光佐三《いでみつさぞう》氏、東芝を再建した土光敏夫《どこうとしお》氏など、かつての日本を代表する経営者は、常にそうした厳然たる判断の基準を持っていました。

「当今の毀誉《きよ》は懼《おそ》るるに足らず。後世の毀誉は懼るべし。一身の得喪《とくそう》は慮《おもんぱか》るに足らず。子孫の得喪は慮るべし」

幕末の儒学者、佐藤一斎《いっさい》の名著『言志四録』の一節で、私が人生の指針としている言葉です。

目先のことしか考えられなくなった人を変えるのは困難です。しかし、今の得喪に目を奪われていて、将来はよくなるはずがありません。後世に何を伝えるか。私利を去って、考えなければいけない時です。

鍵山秀三郎（かぎやま・ひでさぶろう）

昭和８年（1933）、東京に生まれる。戦災による疎開先の岐阜県立東濃高校を卒業後に上京し、自動車用品会社に入社。36年、ローヤルを創業。平成９年、社名を株式会社イエローハットに変更。10年、同社相談役となり、22年、退社。創業以来続けている掃除に多くの人が共鳴し、「日本を美しくする会」を発足、同会相談役。著書に『凡事徹底』（致知出版社）、『掃除道』（講談社）、『エピソードで綴る鍵山秀三郎の美学』（ＰＨＰ研究所）、『正しく生きる』（アスコム）、『凡事徹底が人生を変える』（モラロジー研究所）等多数。

凛とした日本人の生き方

平成28年12月10日　初版第１刷発行
平成29年９月28日　　　第３刷発行

著　者　鍵山秀三郎
発　行　公益財団法人 モラロジー研究所
〒277-8654 千葉県柏市光ヶ丘2-1-1
TEL.04-7173-3155（出版部）
http://www.moralogy.jp/
発　売　学校法人 廣池学園事業部
〒277-8686 千葉県柏市光ヶ丘2-1-1
TEL.04-7173-3158
印　刷　シナノ印刷株式会社

ISBN978-4-89639-257-9